Las razones del hombre delgado

PARED CONTIGUA

Colección de poesía

Poetry Collection

ADJOINING WALL

Rafael Soler

LAS RAZONES DEL HOMBRE DELGADO

Nueva York Poetry Press®

Nueva York Poetry Press LLC
128 Madison Avenue, Oficina 2RN
New York, NY 10016, USA
Teléfono: +1(929)354-7778
nuevayork.poetrypress@gmail.com
www.nuevayorkpoetrypress.com

Las razones del hombre delgado
© 2021 Rafael Soler

ISBN-13: 978-1-950474-58-5

© Colección Pared Contigua vol. 4
Homenaje a María Victoria Atencia

© Contraportada:
Antonio Gamoneda, Raúl Zurita, Teuco Castilla,
Iván Oñate, Marco Antoio Campos, Rolando Kattán y Gabriel Chávez Cazasola

© Dirección:
Marisa Russo

© Edición:
Francisco Trejo

© Curaduría de la colección:
Pedro Larrea

© Diseño de portada:
William Velásquez Vásquez

© Diseño de interiores:
Antonio Ojeda

© Fotografía de autor: Poética 2.0
© Fotografía interior: Rafael César Montesinos
© Fotografía de portada: María Soler Lacasa

Soler, Rafael
Las razones del hombre delgado / Rafael Soler. 1ª ed. New York: Nueva York Poetry Press, 2021, 166 pp.
5.25" x 8".

1. Poesía española.

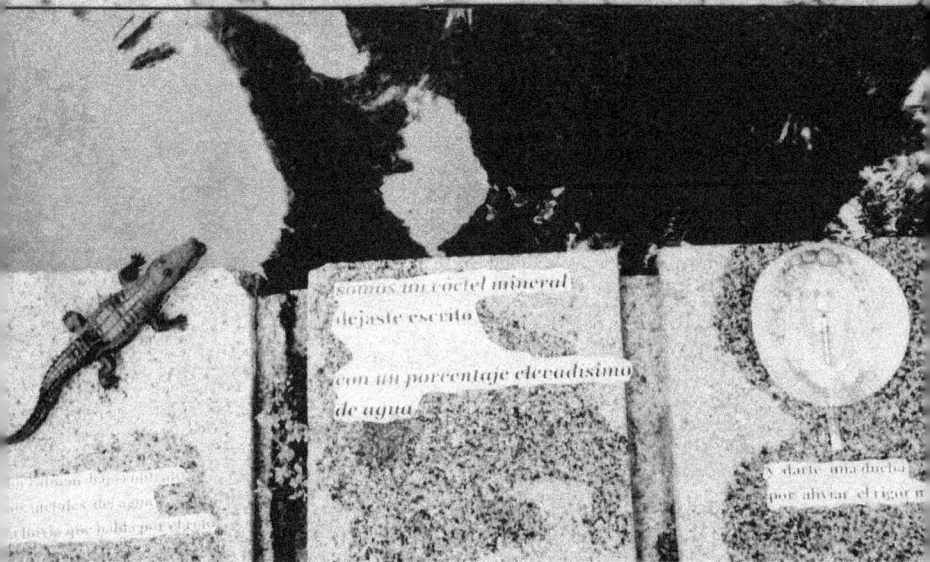

somos un cóctel mineral
dejaste escrito

con un porcentaje elevadísimo
de agua

a darte una ducha
por aliviar el rigor n

Que el último en morir no se quede por favor entre nosotros / de pies a la cabeza vestido con su luto / y la mirada puesta en un silencio que hasta la lluvia ignora escribió quien ahora escribe, una petición que bien atienden cuantos son así recolectados por La Parca. Sin permiso nos nacen, y sin consideración alguna seremos tramitados *cuando un día descarada se presente / choca esos cinco venga esa vida / a dos carrillos engullendo cuanto queda.* Y de eso va todo, sabernos vulnerables y de paso.

Y puedo jurar que voy de frente, de esqueleto muscular lombriz y caja, nos dice en su desconcierto la voz de este hombre delgado, cuando todo pasa de ser postrimerías a un silencio oscuro. Porque hay vivos medio muertos, cierto es, pero hay también muertos medio vivos, más allá de su tenaz apocamiento al ser definitivamente instalados en La Casa Helada. Y es el caso.
Voz también para quien ejerce de Anfitriona, cuando de un golpe certero separa la vida del ansia de vivir y empiezan, con el frío, las rebajas.

Y voz para quien despide a su enfermo favorito, y descubre que *uno más uno dos / menos uno / cero,* lexatin orfidal haloperidol hasta que vuelve el día a su rutina, con el recuerdo siempre de quien, abajo, sigue perdiendo peso hasta quedar en un áureo molar y su quijada.

Tres voces, pues, cada una en busca de su eco antes de que triunfe el olvido.

R.S.

"Vi el final del túnel
y era un espejo."

L. C.

1. Ensayo general con vestuario

Una mujer se observa cautelosa en el espejo
agoniza un anciano de espaldas a su banco
busca el poeta las sílabas precisas

busca el poeta las sílabas precisas
comienza a nevar y son las doce

comienza a nevar

suspira una mujer y son las doce
calla una mujer cuando repite
ahora soy la que dijeron

agoniza el alto mariscal del abandono
calla en su banco cuando dice
no fui el que pidieron

busca el poeta detrás de las cortinas
abre el poeta del sol los monederos
talla el poeta su impaciencia oscura

comienza a nevar

copos de a cinco uncidos por el viento
cumpliendo su destino

maldice el anciano *mírate*
sonríe la dama *mírame*
acecha el poeta *mírales*

comienza a nevar
desde la cuna al nicho.

El anciano que ha perdido la paciencia
aparta la urgencia de los tubos

deja al neón que palidezca

y en su butaca escucha
voces que mecen su blablá

corros cotorras en edad de merecer
severas advertencias del jugador de golf

final en soledad
que anuncia un negro pozo

el anciano que bien dijo
morir a los veinte pido
ser eterno

limpia de su nariz la sonda
tensa su arcabuz para el disparo

morir a los veinte pido

y así cierra los ojos
que un día fueron suyos

alboroto capilar de los pulmones
rumor con viento

ser eterno.

Y poco después
en un ritual falsamente alentador
ella se incorpora

un acercamiento podríamos decir
a cuanto fueron
casi tocando la inerte mano oscura

pero el cristal

movimiento de corto vuelo el suyo
pues nadie en sus cabales interrumpe
ese tránsito del alma

cuando cumplido el viaje
toca rendir cuentas a terceros
todos esperando con su hisopo

estoy aquí estoy aquí

estoy aquí estoy aquí
la inerte mano oscura.

2. El Reino de los Leves

en la insolente nada convocado

Solo para mi muerte
esta nana muy al gusto del Gran Topo
turbio holgazán que hace de la sopa
lepra blanca

yo vengo de quien gusta
nacer en la saliva

leve como un sueño
limpio de afanes mi espinazo

piel en busca de otro traje
soy con el que fui mi cosa cierta
la vana profecía

y en noches de precisa soledad
dejándome pasar escucho
la quemazón del hueso cuando baila
su hondo malestar y su quebranto

vivo aquí
desabrochado el ceño
alcaraván con alzas
que reta a su contrario

aquí la tonta mueca
aquí su dedo impío
aquí la edad como una boca

de tal modo que lágrima y desdén
escriben con mi mano

y si desnudo nací desnudo sigo
a la espera de una cita con El Cuervo
para ocupar mi palco.

Por arpillera
un corazón de lesa humanidad
por elegía un epitafio
por cuerpo una hendidura

página en blanco la turbia cuchillada
mudo vagar del que pasea
la lengua por sus ojos

así el altar que otro ocupará
derríbalo

así el perdido cuando canta
cántanos

en tumulto de dos
en ancho soliloquio
a saldar la cuenta vengo
mis brazos en terca simetría

para tu adiós un pozo
para el nuestro un armisticio

ya suena la edad que nos debemos
ya baja a su clausura el labio.

Aceptaré los signos
que anuncian su llegada

un caimán bajo contrato
los metales del agua
la lluvia que habla por el roto

presagios todos bienvenidos
todavía brocha en mano
ante el espejo

todavía el pantalón en su costura
todavía la honda consternación
de mi suplente

háblese ahora del dueño y su sombrero
de su lento mirar introspectivo
su pan prestado su célebre saludo

mano que altanera se despide
cerrad la caja por favor

desorden nasal de los pañuelos
caramelos de menta por favor

y bien sé qué empezará más tarde
cuando cese el irrisorio ondular
del paño que me cubre

el frío los abrazos la cortina
peticiones meritorias del oyente
voilà vuestra oración

en cuanto a lo demás no hay pena

sonó la flauta que convoca a misa
y yo mal que me pese
cumplido estoy del pozo al canto.

Mirad cómo el novicio
empasta su voz con desmesura
cómo viene a dar lo que no tiene
la íntima cloaca

mismo soy
mismo el impaciente trasegar
y su ambigua equivalencia

apenas el silencio ejercitando
su benéfica misión irrigadora
pomada gris del cerebelo

y luego un zumo acre
un decaimiento vocal de lo vivido

desplante del empeine al comprender
que pronto será losa
cardumen con su lanza

en pie de paz mi lengua estrena
de tantas voces su silencio
se acomoda en la bóveda celeste
saluda al Dueño del Capazo

todo cumple aquí fuera de sitio

y en el zurrón
mi nueva soledad abarrotada.

No hubo ceja admonitoria
ni suspiros ni gritos ni sollozos

tan sólo un tic sin tac en el reloj
cuando el habitante que fui
pasó a ser el habitado

no es lo mismo morir
a que te mueran

proclamé con viento a favor
como si no estuviera

no es lo mismo afirmo ahora
como si estuviera

habitar el cuerpo que te dieron
a ser habitado por las sombras.

Mi respetada Tránsito

cómo pido ahora un locutorio

el altavoz para decir
que la vida fue un milagro

y qué abrigo entonces
para esta prescripción intempestiva
a clavo ardiendo y tímpano batiente

querida Tránsito
mi muy respetada Virgen Negra
amén y gracias qué me pongo

por el calor que pierdo
ayúdame bendíceme

anúnciame.

Labio del viento cuando cesa
este caer a mano abierta
y corazón callado

la certeza de ser y no tenerme
un paso con otro hasta el umbral
que otros cruzaron
con más prisa que la mía

de cuanto hice poco sé
de cuanto harán todo ignoro

asomado estoy al filo
canción temblor y comisura.

¿Qué pasaría si al despertar mañana
el otro que soy y no conozco
hiciera de la terrible munición
limpia golosina

y de la culpa un estilete
para vencer al miedo?

un cuerpo flaco por costumbre
hace de la almohada fortaleza

deja al codo conversar con su contrario
y en un lado del adiós dispone
su júbilo de ayer

qué casa entonces
la luz como un espejo

bastará
un hachón de fuego impío
el pábilo indeciso de una llama
cualquier rescoldo que atesore
el saldo de mis días

pájaro que a su candil vuelve
para ser vena en verso calcinado.

Esto que parece y tanto un desafío
en el acorde central de lo perplejo

esta nocturna camisola
para la danza frugal de los cometas
que en otro altar escriben su destino

esta sombra de luz
este tambor al miedo parecido
este diente en calavera

son cuanto resta por morir

pálido neón
y más pálido dentro

tómese pues mi desacato
como inútil desahogo
del que a cuestas con su cuerpo viene

rasurada el alma
estoy aquí para contarlo.

Y en esta bruma elástica

derribado el afán que sujetaba
mi firma la risa y tu pañuelo

un sordo crujir de huesos vanos
es hoy la única estatura
de aquel que al despuntar el día
cantaba en los semáforos

solo para tu muerte yo

mayordomo del hambre
metódico guardián de tus caprichos
hambriento desertor cuando te callas

para mi muerte tú

alcahueta nolotil
tenedora de mi lóbrego abandono

oronda placidez tanatopractor
cuando he sido con mi cirio convocado.

A dos orillas pido
en esta noche parecida
al soplo del cuerno que me borra

en trueque también de cuanto fui
ahora lejano miserere
entonces bourbon canto y vida

a la altura del muerto
en honda certeza despoblado
y todavía entero pido

cien obleas de azufre
que conmigo en la boca
se diluyan

dejando al descubierto
los dientes primerizos
su espejo de sal

y esta condena.

nada se parece jamás a lo perdido

el verde camisón
los internos
que juegan a las damas
y era yo la dama

el aseo del cuarto y la lejía

la umbilical ternura
tu lento pecho insobornable
los quince cilicios del abdomen

lo que tengo que hacer
y no es morfina

un pájaro con miedo
mi enfermo favorito

y al fondo del pasillo
en concordia mineral
los cirujanos

como un presagio el luto
su mano alzando el vuelo
de una urraca al despedirse

acuérdate de mi
no bebas tanto

y falta todavía
el gesto
que anticipa una derrota

no por favor
no me lo digas

tú sabías
de estas cosas

y más de una vez
te sorprendí
apurando con la angustia
tu tabaco

caer oscuro
en un tiempo sin tiempo

suspirabas
como si no estuvieras

y ahora mírate

calladito
horizontal
y ventilado

muda el erizo a caracola
al escuchar del mar su canto

muda a maestro el colegial
haciendo de la tiza
el pan de cada día

muda a nube la montaña
por sacar su tedio de paseo

y ahora resulta
que mudas tú a canción

precisamente tú
el rey de los sudokus

en tu urna callado
punto en boca

abrazado al erizo
que fue tu caracola

hacia qué carne la tuya
antes del íntimo derrumbe

mano así desprotegida
ángel mío caído del deseo

salmuera y carantoña

hacia qué boca inocente
qué lámpara sagrada

vigilia entonces las horas por venir
que hacen de la nada un todo
y en el pecho se acomodan
cada una con su andén
y su extravío

carencia
y voy al grano
de quien dijo *nos queda lo salvaje*

carencia de ella al responder
enseña tu aguijón

y éramos tú y éramos yo
viviendo con lo puesto

de buena gana despeinaba
ese tupé cantante de boleros
que te han puesto

no pareces tú

y darte una ducha
por aliviar el rigor mortis

y estirar un poco más el pantalón

tumbar contigo
el dos que fui y llevo dentro

pero el cristal
pero el cristal

uno más uno dos
menos uno
cero

he aquí la paradoja
cuando dos suman ninguno

álgebra afectiva
de quien un día
se despierta a oscuras

algo pasó
no se lo explican

y pierde
el dos que fue

constatación personal
del agujero negro
oculto el otro por un paño

tienes que comer
el tiempo lo cura casi todo

ahora no
cerrad la puerta

dueña de aquello que me falta
ahora que la escoba recoge
cuanto empuja

me pregunto
y te pregunto

si en plena posesión
de nuestras facultades tóxicas

cuajó el terco empeño
por conocer al otro

y te lo digo
conste
con la risa del turbio

mermadas como están
mis facultades fónicas

entera pido que te alces

primero el izquierdo
pie cuchara que conoce el frío

avánzalo

el derecho luego
distraído en su consumo
de huelga el talón caminador

vamos avánzalo

y cuándo pisarás hombre de dios
las cien baldosas

tenemos todo el día
entonces qué

termina abril y ahí sigues
tan falto de carácter

tan horizontal *dejadme en paz*

tan tú
en la ribera celestial
de los desaparecidos

ocuparé mi sitio
cuando concluya todo

y por nombrado sigas
a mentón alzado vigilando
la procesión del frío

ha llegado una corona
de tu amigo el poeta bielorruso

y conforta recibir
seis meses después
tan aseada condolencia

morir a los veinte pido
ser eterno

hace eco con su firma
el tarjetón

un buen deseo el tuyo
que nunca se cumplió

de qué pérdida vengo
cuándo cruzaremos juntos
el salón de los espejos cóncavos

sombra en busca de mi luz
tú

cuchillo intransigente
quién agrietó el rostro amado

sombra en busca de tu sombra
yo

ella no sabía no podía
ella deseaba terminarse
entre todo nada y las pastillas

lexatin orfidal haloperidol

somos un cóctel mineral
dejaste escrito

con un porcentaje elevadísimo
de agua

con un porcentaje elevadísimo
de lágrimas

corrijo

y esa es mi historia

de tal manera usted en calidad de otro

IMPOSIBLE CAER A LO MÁS ALTO
para empezar de nuevo

acuérdese
usted que tanto escribió
cuando escribía

ahora que alzándote de nalgas
a un vacío sin fin te precipitan

hambrunas calamidades y flagelos
son quebrantos que no deben inquietarle

ni la sinrazón del clima
ni el hondo rugir de los abandonados

comprendo
que todo sea en su caso conjeturas

pero puedo ofrecerle
por calmar su impaciencia si prefiere

el primer fulgor de las tinieblas.

CÓMO EXPLICARLE A USTED

tan recién llegado con lo puesto
que esta nueva residencia
acogerá su estancia
con solvente discreción

usted merece lo mejor

del perdedor
la ira
del colegial
su limpia envergadura

y de los otros
esa mansedumbre
que preludia una traición
y su estocada

con todo lejos
aquí no hay saldos
que pidan una lágrima
ni antojos por cumplir

cómo decirle
que llega usted
caído entre sus piernas

y que tiempo habrá
para cubrir su soledad
con el triste rondó
de una plegaria.

SOLVENTE Y DECIDIDO

el gabinete de cercanos primordiales
impulsará un mecenazgo
para dejar su adiós en elegía

prepárese

será así resucitado
entre las toses impacientes
de quien tanto aborreció
sus maneras de jinete obtuso

sus oportunas distracciones
a la hora de pagar los platos
su solvencia con el verso y los aviones

de pañuelo en pañuelo banco a banco
una elegía es la canción del invisible
tregua fugaz con estribillo
palmada y adiós pobre diablo

la suya empieza ahora
con un canto de larvas

escúchela disfrútela
no se levante.

LAS ALMOHADAS DEL BAR
que con usted por beber suspiran
nunca entenderían esta deserción
que ronda su cabeza

vamos *Lázaro*
levántate y camina

atrás el muestrario de escalpelos
hilo con hilo zurciendo musical
el envés de su piel y su entretela

su vientre que se quedó en escoba
su tierna recidiva

bata azul y escapulario
barro son hoy para el olvido

y no es canción a oscuras
ni manifiesto abrazo ni congoja
su empeño por volver donde solía

así que ahora que vamos terminando
repita conmigo

de estricta gama alta
con su satén su tapa tan hermosa
su argolla de capricho

todo un hogar por qué negarlo
de un solo dueño barnizado.

NOTARÁ EN LOS COMIENZOS
un desplome maxilar
frío en el costado

y el borboteo
que todo adiós provoca

vendrá luego
signada ya de calamar la frente
una apatía de su lengua

la otra cara del miedo
que dejará en la suya
un aire a *dejá vu*

un nos vemos a la vuelta
por si hay vuelta

para pedir perdón no se demore

toca ahora descender
los peldaños que conducen
a su nueva residencia

paradoja
del cabalmente consumido

para ser al fin indestructible
dicen

caldo inmortal
veremos.

USTED SIEMPRE ABORRECIÓ
y así consta en sus escritos
la bien llamada muerte muerta
pasaporte en soledad hacia el olvido

exonerado de culpa
aquí tomará posesión
de cuanto falta

prolongación del ictus

y en su desdicha al mando
recibirá acicalados de verdín
a los medio muertos vivos

que arriba
a salvo todavía
en su ignorancia

ofrecen su cuello
por conocer el hacha.

LIBERADO SU CUERPO DEL EXTRAÑO

que tanto a usted se parecía
despedirá frugal la vida en vilo
pernera costillar y codo
preguntando por su traje

con noble horizontalidad
sumido el cabello en su maraña
será usted visitado por quien lleva
de herramienta un tenedor

finja dormir
finja que finge dormir
finja que durmiendo finge dormir

en nada ayudará
su gesto de profundo desagrado

y ese empeño
por convocar al ánima

precisamente ahora
que empiezan con el frío
las rebajas.

BUSQUE ACOMODO SI TIENE A BIEN
en lo profundo

no sople no maldiga
vislumbrase por su silencio
el malestar del primerizo

y lo entendemos

ocurre que a este lado
tan para siempre todo
ni pisar el umbral puede
ni acomodarse en un sillón
ni pedir una escafandra

trámites al pormenor
de gran consuelo
para encarar el día

aquí hasta el adiós está ocupado

pero piense
que ahora empieza su dieta
merma de vísceras y grasa
apocamiento irreversible
de su grave humanidad

y entonces
para qué ducha y jofaina
cuando tras esa concesión
a lo menudo

de usted apenas quedará
un áureo molar y su quijada.

AYUDARÁ QUE NO CAMBIE DE POSTURA
ni limpie de sudor su frente
cuando cuchillo en boca elijan
del vientre abullonado las tres capas

del hígado imperial lo que no queda
del paladar hambriento su saliva

de usted
el otro que será
cuando concluya todo

ordenada ingesta leve
rutinario trasegar
lágrimas frappé

y un mondadientes.

LO MÁGICO
es su nueva condición definitiva

guarecido
usted es ahora
el vacío que su cuerpo ocupa

ignorado por ausente

hueco en el hueco
negra noche

usted.

3. Para fundar una distancia

oración del finado en su cornisa

Ujier de los mendigos

jardín de cuerpo entero yo

así mi revocación
de esta pira que sustento

oscuro no mirar
del que un día contempló
la ondulante desazón del trigo
y ahora en su hambruna abandonado

súbita caída del cabello
destemplanza inguinal
pulgar mostrando su calvicie

y la silente inquietud
de aceptar en soledad
desvestido y con sed

la dieta que me hará
más triste

más sabio
y más delgado.

Y luego dicen
que el musgo no hace daño

pero entra en mi noche
con su alarido verde

husmea los pálidos asuntos
litigio del fémur cuando adopta
una postura ojival sin paliativos

templo y salón
las horas son aquí
estruendo de otros pasos
cuando arriba un perro
hinca en mi techo su pezuña

hállome desabrochado

y en forzoso tumulto solitario
escucho mi acuático soplido
pido al brazo conocer la usura

hállome en traqueteo y rebeldía

y cuando llegue lo trémulo
dejando en lana y polvo mi esqueleto
a qué inclusa volveré
para aceptar descalzo
esta agria jubilación definitiva.

Llegado así el momento del Becerro

doy por hereje a mi bronquiolo
y quién lo cerró con lesa gravedad

perder es la manera
de adquirir en soledad una certeza
digo que dije si recuerdo

y cierto soy de la tormenta al roto
cierta la tibieza del pecho
en su casaca

cierta mi lengua colgante
en el cuarto oscuro.

Mecido en el turbio vaivén
de la desesperanza

con silencioso empeño invoco
la vecindad de un fuego
presagio de otros fuegos
su libre arquitectura

a buen recaudo puesto
en la hechura raída de mi tela
daré al hueso su cochambre

al silencio un sapo
a la prisa por volver
mi lóbrego abandono

ascua del aire
en este cuerpo sigo

una voz un destello
una mirada

a mí la brizna impía
lo que mengua

soy oscuro.

Hoy tampoco almorzaré
a la hora del ángelus

ni calmo hablaré con esa sombra
que algunas veces viene
a prometer el alba

urgente pido disolverme
urgente brindo del error
mi testimonio

y si urgente ofrecí mi calavera
por volver a donde fui

ofrezco ahora
el vacío que preside mi vacío

y este edredón de niebla
que no abriga.

A buen recaudo
en el arcón de El Invencible
la templada razón
de esta voltereta gratuita

letra y canción del que será
tres copias en blanco
del que nació copiando
para morir copiado

bienvenidos pasad

al fondo del pasillo encontraréis
un error una poltrona
un pasaporte

y que nadie se pierda
en averiguaciones azarosas
por hacer del misterio profecía

qué misterio.

Afecto a la alegría
y ahora en rictus severo mal postrado
escaso de luces y de brío

fundada inquietud por cuanto viene
pendiente el alma

y un hervor de ira al comprender
el inminente acatamiento

lo que duró la vida
sin saberlo.

Nómbrame
y prometo hacer de lo escaso
mi esperanza

nómbrame te pido
di *amargo amante mío*

di *cántaro*
con un punto de alegría

en este panteón
bien cabe un cántaro y su amante
en buena vecindad comprometidos

de tal manera tú
jardín de cuerpo entero

de tal manera yo
osario de mi talla

anda
atrévete

amargo amante mío

tu boca con la mía
camino del olvido.

Sonrisa y azadón sácame de aquí

en manera de asombro te lo pido
con exagerado ademán
ante el sonoro golpe

locamente a lo grande
y en lo menudo entero
flor de la humedad para mi grito

sácame

los campos los corderos del mal
la porosidad del llanto

sácame

concienzudo el espanto
a corazón torcido mano en boca

sácame

disolución del trapo
no soy un maderamen
no soy el adherido de la noche

sácame sácame sácame.

Para salvar el codo
con la palabra *lino* me alimento

de calcio a nieve mermado el costillar
huesos buscando su alambique
disuelto mi esternón en gelatina

y padece mi carcasa un súbito declive
que despierta en las larvas
su codicia

hagámoslo murmuran
tan ingrata al oído su canción
cuchara del festín empúñala

pero siempre quedarán
los ojos asustados del maestro triste
la honda significación de mi intemperie

titubeo estelar
roce de pasos en la niebla
solidario clamor de los ausentes

hagámoslo hagámoslo hagámoslo

atrévete
busca y aborrece
busca y nada preguntes de nosotros

por favor por favor hagámoslo
baja conmigo.

de tu balcón al mío

casi dos años
sin noticias

y eso que duermo
en el buzón

no es lo mismo morir
a que te mueran

leíste con poca luz
en el casino

no sabíamos entonces
que hay muertos tristes
de pecho colorado

y días como hoy

la casa sin hacer
en huelga las sartenes
y el cartero subido a una disculpa

pero no importa

estás lejos
cada cosa a su tiempo

y tengo que lavarme la cabeza

tenías razón

septiembre es un mes
con nombre de catástrofe

y cuántos más han de pasar
me pregunto

y te pregunto

fue aquí
frente al mar en Pepe Mero

rompió a llover
corrimos en busca de nosotros

estabas tú

hagamos el amor en una silla
me dijiste

al modo que cantaba
tu amiga la poeta
ron cola puerto rico tetas grandes

hagamos el amor en una silla
me pediste

era del sur de california
bebía ron con soda
y solo con las tetas acertaste

pero sí
era un gran poema

y contigo hice el amor
en esta silla

ni un alma aquí
salvo la tuya

ni un corazón pendiente
tan siquiera

una sílaba al menos
que nos diga

cuándo cayeron todos
cuánto callaron

quién dio al callejón del frío
su sustancia

podría contestar al teléfono
pero no suena

ayer se fue
la señora de bolivia
con buenas referencias

recogía los platos
y por la tarde
hablábamos de ti

al despertarme
y no te asustes
encontré en la almohada
tu cabeza

la cabeza y su hueco

el hueco
que tu cabeza dejaría

el cero que has dejado
el cero que ya viene

qué si el destino rasga
cuanto a buril trazaron
quienes algo tenían que perder
en este asunto menor
que llaman vida

qué si tropiezas con un puente
para cruzarlo a solas
y al fondo gris un cementerio
donde cabemos todos

qué si ella
la que tanto dio
y mucho le faltaba
cambió tu maltrecho bien morir
por este mal vivir

y ahora vuelve julio
y no hay nada peor

rastro de ti
para empujar la puerta

siempre ha sido así

las copas de cristal naranja
un atisbo de sol

tu cumpleaños

una voz al despedirse
es siempre una canción a oscuras
cosa de dos para el olvido

tómame despacio
que tengo mucha prisa

tan suelta leyendo tu poema
tan grave al comprender
que todo terminó

tan vodka karaoke
cuando a la cama vuelvo

descamisada
inquieta
feroz

y tuya

es mi mujer decías

y empezaba
el turno de los besos
no siempre necesario

pero bueno
los besos

y algo de calor
en los nudillos
al impulsar la mano

trámites baldíos
de tu querida propietaria

así me llamabas
haciéndote el gracioso
sin ninguna gracia

mi querida propietaria

ahora
lo que son las cosas

me queda en propiedad
el salero que compramos
en varsovia

fue un viaje hermoso
y necesario

allí escribiste seis poemas
allí desfloraste a la muchacha

no es lugar para el cortejo
un festival de poesía

demasiado abrazo
y muy poco de ti
para salir a escena

pero brillabas
y por tú brillar brillaba

bien lo muestran estas fotos
bien lo recuerda Yuri
tu ruso primerizo
en las postales que enviaba
por cuaresma

a mí de Yuri me gustaba
el verso aquel de
en un sueño caben todas las palabras
que te tomó prestado
cuando cazó a Melissa

dejó el vodka
al saber que nos dejabas

y ya no contesta a mis correos

pañuelos al arcén botones a la boca

repetición del infinito
como si las metáforas

ella al frente
apilando su amor

gracias por eso

y la mano
que pronto será
campana errática

apaga el corazón
cinco son los años
que han pasado

te voy a ser muy franca

en clave de amigos
te lo digo

no vuelvas por favor
a despertarme
como hiciste anoche
a eso de las dos

entrando en mi sueño
con el tuyo

porque tuyo era el agobio
tuya la voz que me decía

baja conmigo

tú siempre tan atento

no puedo prometerte nada
y cuando digo nada
es nada

pero quieren hacer un homenaje
al poeta mendigo del amor

al que decía ser hermético
en asuntos personales
poeta de amigazos

tú

en junio será tu centenario
y ahí andan

preparando un discurso
y la escaleta

del grupo quedan dos
vendrán todos

bibir
es beber con los que viven
era tu lema

y bien bibidos compartimos
cuanto la vida puso

casa corazón y traje
por hacer el cuento corto

ahora
en mi forzoso ayuno
no bebo todo lo que puedo

y *bibir*
lo que se dice *bibir*
vivo muy poco

como para estar contenta

hablemos de su nuevo estado horizontal

CON MÉRITOS PROBADOS

estrena usted su condición de meritorio
ahora que luce la piel otra textura
y un vago temor ronda su cerviz

bastará con mantener la calma
no hacer jolgorio del asueto

libre así de cuitas
disipada su ansia por volver
hará del polvo una bufanda

del apetito vano empeño
de su seguir a solas
el don del transparente

¿qué pierde con hacerse afecto
a las tinieblas?

lejos del disturbio
que causa siempre lo inmediato
podrá sin tasa dedicarse
a descubrir el hilo que separa
acatamiento y culpa

desvivir y desmorir

AHORA QUE DE CUERPO ENTERO
queda usted pacificado
y ningún estertor
altera el pulso que no tiene

toca cerrar la tapa
del tarambana ilustre

junto al mentón embaucador
la fiebre y el coraje

y cerca
en presente indicativo
sus afines

fantasmas de una pieza
con mucho que contar

escúchelos
parézcase perézcase
y bienvenido.

NI LA FEA PLATAFORMA DONDE YACE
ni el adoquín que pisa el escolar arriba
entenderán su rechazo a la buena vecindad

tan discreto a la derecha
el decano de templado sacrificio

en multitud de tres
de quince y de noventa
estos colonos de lo oscuro
son por vocación insobornables

por necesidad madrugadores
por expreso acuerdo con Quien Manda
candidatos al polvo y la ceniza

y todo ello sin citar
el panteón donde muere a cada rato
don Augusto el inocente

ni siquiera usted
con su chamarra de cuerina
cambiará este afable discurrir

en la hosca hermandad
de los callados.

QUIZÁ DESORIENTADO

por esa tos de lluvia que finge visitarle
podría usted pensar
que no se encuentra en lo profundo

que allá
más hondo de más de más abajo
desconocidos transeúntes
habitarán lo oscuro
con su colchón a cuestas
en busca de un zaguán
o un maestro aparapita

y acertará si dice que prefiere
posponer su expedición
disfrutando en lo posible
su turbio inquilinato
sin preguntar por el Verdugo
que por usted pregunta

aquí
el viaje de vuelta
no entra en su cupón

descender más al fondo
es imposible

y no hay hojalatero
que abra los precintos

aquí de nada sirven
las terribles amenazas

y estamos ya discúlpeme
en otra página del libro.

REFERIR EL FATAL DESTINO
de cuanto fue su patrimonio
no dará más luz a esa congoja

un inventario
es siempre asunto incierto
para quien perdió al contar
su hondón y su alicate

acicalada mesa de escribir
altos estantes donde guardarlo todo
el triste trasto llamado catalejo
que se perdió en la noche
y decía ser usted

aquí se llega a pie descalzo
por una deslealtad de los bronquiolos

y a cuento viene el verso que escribió
con brazo ardiente

usted sabe que durando se destruye

página ochenta
en la edición primera
y más arriba la fiebre y el coraje
fragoroso estruendo del portazo
que al interfecto dejó titiritando

¿cuánto dura la noche?
¿cuánto allí donde la noche es noche?

¿cuánto aquel cuerpo desnudo?
¿cuánto el primer anís?
¿cuánto la dicha que siempre empieza
en otra piel?

¿cuánto usted
recién llegado a esta gaveta
que guarda el tiempo bajo llave?

UNA TARANTELA ES LO QUE PIDE
y escuchar al Chamán
aspire si es que puede
expire si algo debe

repita en el turno de las voces
no es la memoria de un sueño
sigo aquí

déjese prender
disolución y pasmo
toda ingesta es bienvenida

cualquier índice alzado es bienvenido
cualquier perdón es bienvenido
perdóneles

llega el turno de las voces

hambriento corazón
atiende su llamada
disuélvete

una tarantela pide
para que todo fluya
perdonadme

el verde tapiz disfrútelo

apure el vaso
sonría a los ausentes
manifieste su último deseo

una tarantela dijo usted
cierre los ojos

inspire despacio
que ya viene.

ACEPTE HUMILDE
la rotunda soledad
que es hoy su compañera

pronto llegará
con su horca el desamparo

con un ramo de violetas
el terrible desacuerdo

con palo y piedra
el peso de su historia

acuérdese

a usted le pusieron una funda
y nadie anotó su próximo destino

ni hizo de las flores argumento
ni se saltó la misa

cumplida está su cita con El Ciego

ayudará
si no es mucho pedir
pensando en el servicio

que finja un arrebato
de entusiasmo.

COMPROBARÁ QUE CARECE SU APOSENTO
de pasillo con moqueta
y miradores que hagan del mar
una postal

pero nadie le impide
vislumbrar en su interior
una asoleada lagartija
estrenando su amarillo

albedrío tiene
para viajar donde le plazca

vuelva tranquilo
nosotros cuidaremos
de su harapo.

RECONOCEMOS

el buen aspecto
que su hueco cobraría
con dos manos de pintura

y tomamos buena nota
de la segunda opción
que nos propone
sin levantar la voz

un traslado
donde La Autoridad disponga
lejos del verdín y las visitas

sea paciente

y busque en su memoria
un recuerdo amable
el campo aquel de girasoles
por ejemplo
subida la tarde a un balancín

puede también si lo prefiere
reunir en asamblea a sus afines
y firmar un manifiesto

pero no se incomode por favor

hay mudanzas
peores que un incendio

y es su caso.

USTED SABE USTED COMPRENDE

usted es generoso y acaba de pasar

usted disculpará
el cierre albañil de su techumbre
este suelo pelado que le ofrezco
a falta de un paño de vicuña

la calavera al hombro
de otros como usted
y su fulgor de cirio

usted no se me apure por favor

ahora más que nunca necesita
ayuda y compañía

y hará bien en adoptar
las cautelas de quien entero llega
al helor de su galpón

aquí hay sitio para todos

y tiene el suyo en exclusiva
un estilete para el sueño
y la sorda canción de un violinista.

Y QUÉ IMPORTA SI AQUÍ SIGUE
crecido en su esqueleto
para un desmembramiento procaz
a salivazos

seguro servidor de su cuaderno
anótelo

escúchese escríbanos
no desista.

4. Morir para contarlo

dispuesto como está a pagar un alto precio

INÚTIL LLAMAR
al pulmón que le nació
artefacto sonante
para su afán contante

inútil discutir
con la ufana casquería

poner remedio
a esa laxitud suicida
del talón aquiles

no busque los zapatos
ni pida un balancín
ni haga del colchón su cenicero

debería saber
que usted pisó la raya

y en este lado
con un suspiro dentro basta.

DISCULPE USTED
este apocamiento del cuero
y el feble amparo que le brindo

no tosa no blasfeme no maldiga
a salvo está aquí de turicatas

y garganta abajo encontrará
el son de su congoja
cuando un soplo descoyunte
del pasado las costuras
de su inquietud a manos llenas
el transcurrir del infinito

recuerde ahora su frase favorita
celebrando la vida

pues todo empieza ahora

usted
tan adelantado en lo menudo
eco de voces con la suya repitiendo
esto acaba de empezar

esto
sordo estupefacto
acaba de empezar.

PERCIBA LA TOTALIDAD FRUSTRADA
de cuanto fue su vida
sin un reproche al vano empeño

perduraré

razón tuvo el profesor de álgebra
con aquella advertencia que escanció
entre sorbos de rico chocolate

ni que fuese usted un pájaro

evoque ahora
cerrado su almanaque
la carcajada del santero

bastante tengo con llegar al lunes

bastante usted
bien lavado en su frac

pero no se impaciente

de larva en larva
hasta la consumación del polvo

usted perdurará.

resuena con estrépito el silencio

Qué me quiere esta voz
cómo habitar de nuevo lo perdido

dónde el prematuro
el sin llave
el catador de versos viejos

vive a la altura del hombre
pidió quien nunca se callaba

y no hay remedio
si otro andar menudo
conduce de nuevo a la cancela
que hace del olvido
asunto de ayer con doce puertas.

Termino aquí
este deambular
de tallador perplejo

adiós diente primerizo
adiós mi tarambana ilustre
adiós mecedora del riñón doliente

mi gratitud
a los editores de revistas
que acogieron versos íngrimos

a Merlín por celebrarlo

y al lector de páginas amarillas
por no cambiar de bando.

Cerrado mi expediente

mudo en vuelo cuanto fui

y no es tribulación
este deambular
de quien entero llega
a disfrutar del frío

quiebro inguinal
este abrazo conmigo
y con las sombras.

No es la soledad origen de esta arritmia
que en precisa majestad abarca
mi desnutrido hombro y su carcoma

para estar conmigo me pusieron
al abrigo de otro cielo más oscuro

y humilde aceptaré
el abrazo insalubre de la niebla
su tenebroso hondón y su miseria

pero ahora
que apenas soy
un pie de página en cursiva
un asunto general de poca monta

y la verdad de un colibrí es suficiente

polvo en boca expreso mi deseo
de salir por un instante al mundo
para salir del mundo

bastaría un hilo
un hilo de luz para volver

y volvería.

los besos que dejaste para luego

anoche escribí y no te rías

toda voz que canta
viaja del corazón al frío

así
un poco al tantarantán
junto a la receta del gulasch
que tanto abominabas

y también
antes de acostarme

no es lo mismo
habitar la memoria
que vivir de tu recuerdo

y qué diferencia habrá

a ver si ahora tan vestidita
la poeta poeta poeta
resulta que soy yo

ya estoy pelona
pero verás
te cuento

echemos unos tragos
primero tú querido mío

verás
compré un sombrero
te gustará

pelona te decía y viva

y fufurufa también
para quien tuvo y tiene
mi capuchón tardío

mi galopante tumor
mi amor en ascuas

anda ven te necesito

pero la muerte muerta
nunca

escrito dejó el dueño del botón

si doy un paso más
si doy un paso más

anda
empújame un poquito

volver contigo
empújame

ya viene ya viene ya viene

¿cuál es el nombre
de ese pájaro?

ABRAZO DE AMIGOS

He leído, en una incesante sucesión de asombros, *Las razones del hombre delgado.* Por si esperas que haga y te diga una síntesis, empezaré argumentando que, a mi innecesario juicio, se trata de la conciencia / contemplación de la muerte refractada por la vida. La muerte será la tuya –y la mía, cómo no–, debo suponer. Pero me importa mucho la manera, lúcida hasta deslumbrar, con que lo haces, y de ésta te digo que me parece haber leído una narración. ¿Una narración? Sí. De lo que eres y llevas contigo, que, pudiendo ser sólo narrable y narrado, trasparece con valor de invocaciones y símbolos, y éstos, simultáneamente, son relámpagos reveladores de sustancia poética. Para que esto ocurra, has liberado palabras cargadas con poderes surreales y las engarzas en una sintaxis también liberada hasta de puntuación. Por si fuera poco, has creado los que no son propiamente heterónimos y yo diré "falsos y necesarios poetas infiltrados". Un muy hermoso y arduo tejido.

ANTONIO GAMONEDA (España)

En este libro Rafael Soler se vistió con su propia muerte, la vivió con la templanza que tienen los verdaderos poetas, los que saben atravesar los espejos. Y desde su otra vivísima dimensión, con un original abordaje, escribió este magnífico libro que abrirá una brecha en la poesía de habla española.

TEUCO CASTILLA (Argentina)

La singular y excepcional poesía de Rafael Soler alcanza en *Las razones del hombre delgado* un punto límite, de no retorno de su escritura y de una parte no menor de la poesía de hoy. Irónicos más allá de la ironía, puros más allá de toda pureza, paradojales más allá de toda paradoja, arrasados de humor, de soledad y de vida, estos poemas parecen surgidos de una lucha casi sobrehumana de sus palabras con el silencio. Más allá de cada línea de este libro, de su humor y de su melancolía, de su liviandad y de su abismo, estamos nosotros los lectores. Leo estos poemas y leo mi vida. Sí, creo que eso es parte, pero solo una parte, del triunfo y de la tristeza de la poesía de Rafael Soler, tengo 71 años y creo que es esto, nosotros somos los hermanos y las hermanas de ese hombre delgado que mira sus razones y luego la inmensidad del mar.

RAÚL ZURITA (Chile)

La imagen es magnética, poderosa. Un hombre armado con una brocha espera ante el espejo. Escalofrío. Desde este instante, no hay más allá ni más acá. Se borró todo límite. Vida y muerte no son más que dos nadas separadas por la nada de un espejo. Rafael Soler, siempre me pareció un poeta lúcido, inspirado, talentoso. Un poeta que permite leer en la nieve de las cenizas. Pero esta vez, el tema vino por él y se lo llevó a pisar la raya, el límite. Momento donde el moribundo estira el cuello y alcanza a ver el otro lado de las cosas: Poesía.

IVÁN OÑATE (Ecuador)

Libro de cuando el reloj desdice la hora, cuando del árbol ha callado el follaje, del hombre que es uno y es varios y llega a su casa en la noche y empieza a escribir con valor y crudeza los versos de la despedida. Se acabaron "bourbon, canto y vida", el amor a la mujer que a la vez nos crea y nos destruye, y así es, y no hay queja y hasta luego, venimos como las sombras y nos vamos como las sombras. "De cuanto hice, poco sé", y el lector repite la línea melancólicamente como si lo hubieran dicho para él.

De facilidad engañosa, *Las razones del hombre delgado* cuenta los hechos con un lenguaje sencillo y un complejo punto de vista. Libro del andar del tiempo y del tiempo andado, no sin perplejidad amarga e irónica, podemos concluir con Rafael Soler en la edad de los adioses: "Un *nos vemos a la vuelta*/ por si hay vuelta". A menos que haya un hilo de luz por el cual volver. Si lo hay.

MARCO ANTONIO CAMPOS (México)

Solo la poesía puede acercarse a la verdad. Solamente la lámpara del poeta enciende su llama en el misterio. Rafael Soler sabe y revela "que en otro altar escriben su destino" por su verso "muda a nube la montaña". Como lo afirmaba Cobo Borda "escribir es rezar de un modo diferente", por esa gracia, a mí, un lector de Soler, la poesía ha adelantado una última plegaria a mis labios: "Nómbrame y prometo hacer de lo escaso mi esperanza."

ROLANDO KATTÁN (Honduras)

Con un exquisito despliegue de ironía que llega a roer – *canto de larvas*– el hueso del sarcasmo, Rafael Soler se toma la humana licencia de hablar, desnudo y sin mortaja, de la muerte y con ella, íntimamente incluso, en este libro, que si a primera vista semeja un lúdico y desopilante epitafio del propio autor y de todos los que compartimos *el vacío que* nuestro *cuerpo ocupa*, página a página va revelándose como una radical y gozosa afirmación de la existencia, del goce y del poder de la escritura para sobrevivirse y sobrevivirnos, *rescoldo que atesore el saldo* de los días.

A sus habituales lectores no nos extraña –aunque siempre nos sorprenda– la gallardía de Soler para hacer lances verbales al dolor, al vacío, al desencanto. Ahora, en *Las razones del hombre delgado*, da un paso más y acomete con elegante verónica a la mismísima Catrina, usando como capote la Verónica de su rostro y el nuestro, grabado ardiente del rastro de pavura que nos deshabita, justo allí donde *descender más al fondo / es imposible / y no hay hojalatero / que abra los precintos*. Salvo, con este nuevo libro, nuestro muy querido poeta.

GABRIEL CHÁVEZ CASAZOLA (Bolivia)

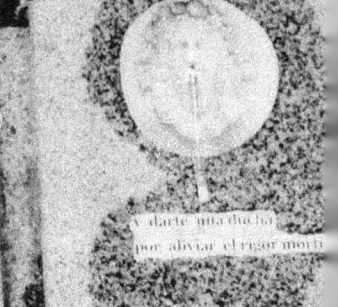

somos un coctel mineral
dejaste escrito

con un porcentaje elevadísimo
de agua

y darte una ducha
por aliviar el rigor mortis

ACERCA DEL AUTOR

Rafael Soler (Valencia, 1947). Ha escrito seis libros de poesía, *Ácido almíbar* (2014) fue reconocido con el Premio de la Crítica Literaria Valenciana y su primer poemario, *Los sitios interiores* (1980), recibió el accésit del Premio Juan Ramón Jiménez, que otorgaba el Instituto Nacional del Libro (INLE) al mejor libro publicado por autores con menos de cuarenta años. Autor también de seis novelas y dos libros de relatos, ha sido invitado a leer sus poemas en más de quince países, y obras suyas han sido publicadas en Bolivia, Ecuador, Estados Unidos, Honduras, Hungría, Italia, Japón, Paraguay y Perú.

ÍNDICE

Las razones del hombre delgado

Que el último en morir
no se quede por favor entre nosotros · 11

1. Ensayo general con vestuario

Una mujer se observa cautelosa en el espejo · 17
El anciano que ha perdido la paciencia · 18
Y poco después · 19

2. El reino de los Leves

en la insolente nada convocado

Solo para mi muerte · 25
Por arpillera un corazón de lesa humanidad · 27
Aceptaré los signos · 28
Mirad cómo el novicio · 30
No hubo ceja admonitoria · 31
Mi respetada Tránsito · 32
Labio del viento cuando cesa · 33
Qué pasaría si al despertar mañana · 34
Esto que parece y tanto un desafío · 35
Y en esta bruma elástica · 36
A dos orillas pido · 37

nada se parece jamás a lo perdido

el verde camisón · 41

y al fondo del pasillo · 42

tú sabías · 43

muda el erizo a caracola · 44

hacia qué carne la tuya · 45

vigilia entonces las horas por venir · 46

de buena gana despeinaba · 47

uno más uno dos · 48

dueña de aquello que me falta · 49

entera pido que te alces · 50

ocuparé mi sitio · 51

de qué pérdida vengo · 52

ella no podía · 53

de tal manera usted en calidad de otro

IMPOSIBLE CAER A LO MÁS ALTO · 57

CÓMO EXPLICARLE A USTED · 58

SOLVENTE Y DECIDIDO · 59

LAS ALMOHADAS DEL BAR · 60

NOTARÁ EN LOS COMIENZOS · 61

USTED SIEMPRE ABORRECIÓ · 62

LIBERADO SU CUERPO DEL EXTRAÑO · 63

BUSQUE ACOMODO SI TIENE A BIEN · 64

AYUDARÁ QUE NO CAMBIE DE POSTURA · 65

LO MÁGICO · 66

3. Para fundar una distancia

oración del finado en su cornisa

Ujier de los mendigos · 71

Y luego dicen · 72

Llegado así el momento del Becerro · 73

Mecido en el turbio vaivén · 74

Hoy tampoco almorzaré · 75

A buen recaudo · 76

Afecto a la alegría · 77

Nómbrame · 78

Sonrisa y azadón sácame de aquí · 79

Para salvar el codo · 80

de tu balcón al mío

casi dos años · 83

tenías razón · 84

hagamos el amor en una silla · 85

ni un alma aquí · 86

podría contestar al teléfono · 87

qué si el destino rasga · 88

y ahora vuelve julio · 89

una voz al despedirse · 90

es mi mujer decías · 91

no es lugar para el cortejo · 92

pañuelos al arcén botones a la boca · 93

te voy a ser muy franca · 94

no puedo prometerte nada · 95

bibir · 96

hablemos de su nuevo estado horizontal

CON MÉRITOS PROBADOS · 99

AHORA QUE DE CUERPO ENTERO · 100

NI LA FEA PLATAFORMA DONDE YACE · 101

QUIZÁ DESORIENTADO · 102

REFERIR EL FATAL DESTINO · 104

UNA TARANTELA ES LO QUE PIDE · 106

ACEPTE HUMILDE · 108

COMPROBARÁ QUE CARECE SU APOSENTO · 109

RECONOCEMOS · 110

USTED SABE USTED COMPRENDE · 111

Y QUÉ IMPORTA SI AQUÍ SIGUE · 112

4. Morir para contarlo

dispuesto como está a pagar un alto precio

INUTIL LLAMAR · 117

DISCULPE USTED · 118

PERCIBA LA TOTALIDAD FRUSTRADA · 119

resuena con estrépito el silencio

Qué me quiere esta voz · 123

Termino aquí · 124

Cerrado mi expediente · 125

No es la soledad origen de esta arritmia · 126

los besos que dejaste para luego

anoche escribí y no te rías · 129

ya estoy pelona · 130

pero la muerte muerta · 131

Abrazo de amigos · 133

Acerca del autor · 141

·

Colección
PARED CONTIGUA
Poesía española
(Homenaje a María Victoria Atencia)

1
La orilla libre / The Free Shore
Pedro Larrea

2
No eres nadie hasta que te disparan /
You are nobody until you get shot
Rafael Soler

3
Cantos : & : Ucronías / Songs : & : Uchronies
Miguel Ángel Muñoz Sanjuán

5
Las razones del hombre delgado
Tina Escaja

5
Las razones del hombre delgado
Rafael Soler

6
Carnalidad del frío / Carnality of cold
María Ángeles Pérez López

Colección
PREMIO INTERNACIONAL DE POESÍA
NUEVA YORK POETRY PRESS

1
Idolatría del huésped / *Idolatry of the Guest*
César Cabello

2
Postales en braille / *Postcards in Braille*
Sergio Pérez Torres

3
Isla del Gallo
Juan Ignacio Chávez

4
Sol por un rato
Yanina Audisio

5
Venado tuerto
Ernesto González Barnert

Colección
CUARTEL
Premios de poesía
(Homenaje a Clemencia Tariffa)

1
El hueso de los días.
Camilo Restrepo Monsalve

-

V Premio Nacional de Poesía
Tomás Vargas Osorio

2
Habría que decir algo sobre las palabras
Juan Camilo Lee Penagos

-

V Premio Nacional de Poesía
Tomás Vargas Osorio

3
Viaje solar de un tren hacia la noche de Matachín
(La eternidad a lomo de tren) /
Solar Journey of a Train Toward the Matachin Night
(Eternity Riding on a Train)
Javier Alvarado

-

XV Premio Internacional de Poesía
Nicolás Guillén

4
Los países subterráneos
Damián Salguero Bastidas

-

V Premio Nacional de Poesía
Tomás Vargas Osorio

Colección
VIVO FUEGO
Poesía esencial
(Homenaje a Concha Urquiza)

1
Ecuatorial / Equatorial
Vicente Huidobro

2
Los testimonios del ahorcado (Cuerpos siete)
Max Rojas

Colección
CRUZANDO EL AGUA
Poesía traducida al español
(Homenaje a Sylvia Plath)

1
The Moon in the Cusp of My Hand /
La luna en la cúspide de mi mano
Lola Koundakjian

2
And for example / Y por ejemplo
Ann Lauterbach

3
Sensory Overload / Sobrecarga sensorial
Sasha Reiter

Colección
PIEDRA DE LA LOCURA
Antologías personales
(Homenaje a Alejandra Pizarnik)

1
Colección Particular
Juan Carlos Olivas

2
Kafka en la aldea de la hipnosis
Javier Alvarado

3
Memoria incendiada
Homero Carvalho Oliva

4
Ritual de la memoria
Waldo Leyva

5
Poemas del reencuentro
Julieta Dobles

6
El fuego azul de los inviernos
Xavier Oquendo Troncoso

7
Hipótesis del sueño
Miguel Falquez Certain

8
Una brisa, una vez
Ricardo Yañez

9
Sumario de los ciegos
Francisco Trejo

10

A cada bosque sus hojas al viento
Hugo Mujica

11
Espuma rota
María Palitchi (Farazdel)

12
Poemas selectos / Selected Poems
Óscar Hahn

13
Los caballos del miedo / The Horses of Fear
Enrique Solinas

Colección
MUSEO SALVAJE
Poesía latinoamericana
(Homenaje a Olga Orozco)

1
La imperfección del deseo
Adrián Cadavid

2
La sal de la locura / Le Sel de la folie
Fredy Yezzed

3
El idioma de los parques / The Language of the Parks
Marisa Russo

4
Los días de Ellwood
Manuel Adrián López

5
Los dictados del mar
William Velásquez Vásquez

6
Paisaje nihilista
Susan Campos Fonseca

7
La doncella sin manos
Magdalena Camargo Lemieszek

8
Disidencia
Katherine Medina Rondón

9
Danza de cuatro brazos
Silvia Siller

10
Carta de las mujeres de este país / Letter from the Women of this Country
Fredy Yezzed

11
El año de la necesidad
Juan Carlos Olivas

12
El país de las palabras rotas / The Land of Broken Words
Juan Esteban Londoño

13
Versos vagabundos
Milton Fernández

14
Cerrar una ciudad
Santiago Grijalva

15
El rumor de las cosas
Linda Morales Caballero

16
La canción que me salva / The Song that Saves Me
Sergio Geese

17
El nombre del alba
Juan Suárez

18
Tarde en Manhattan
Karla Coreas

19
Un cuerpo negro / A Black Body
Lubi Prates

20
Sin lengua y otras imposibilidades dramáticas
Ely Rosa Zamora

21

El diario inédito del filósofo vienés Ludwig Wittgenstein /
Le Journal Inédit Du Philosophe Viennois Ludwig Wittgenstein
Fredy Yezzed

22

El rastro de la grulla / The Crane's Trail
Monthia Sancho

23

Un árbol cruza la ciudad / A Tree Crossing The City
Miguel Ángel Zapata

24

Las semillas del Muntú
Ashanti Dinah

25

Paracaidistas de Checoslovaquia
Eduardo Bechara Navratilova

26

Este permanecer en la tierra
Angélica Hoyos Guzmán

27

Tocadiscos
William Velásquez

28

De cómo las aves pronuncian su dalia frente al cardo /
How the Birds Pronounce Their Dahlia Facing the Thistle
Francisco Trejo

29

El escondite de los plagios / The Hideaway of Plagiarism
Luis Alberto Ambroggio

30

Quiero morir en la belleza de un lirio /
I Want to Die of the Beauty of a Lily
Francisco de Asís Fernández

31
La muerte tiene los días contados
Mario Meléndez

32
Sueño del insomnio / Dream of Insomnia
Isaac Goldemberg

33
La tempestad / The tempest
Francisco de Asís Fernández

34
Fiebre
Amarú Vanegas

35
63 poema de amor a mi Simonetta Vespucci /
63 Love Poems to My Simonetta Vespucci
Francisco de Asís Fernández

36
Es polvo, es sombra, es nada
Mía Gallegos

Colección
TRÁNSITO DE FUEGO
Poesía centroamericana y mexicana
(Homenaje a Eunice Odio)

1
41 meses en pausa
Rebeca Bolaños Cubillo

2
La infancia es una película de culto
Dennis Ávila

3
Luces
Marianela Tortós Albán

4
La voz que duerme entre las piedras
Luis Esteban Rodríguez Romero

5
Solo
César Angulo Navarro

6
Échele miel
Cristopher Montero Corrales

7
La quinta esquina del cuadrilátero
Paola Valverde

8
Profecía de los trenes y los almendros muertos
Marco Aguilar

9
El diablo vuelve a casa
Randall Roque

10
Intimidades / Intimacies
Odeth Osorio Orduña

11
Sinfonía del ayer
Carlos Enrique Rivera Chacón

12
Tiro de gracia / Coup de Grace
Ulises Córdova

13
Al olvido llama el puerto
Arnoldo Quirós Salazar

14
Vuelo unitario
Carlos Vázquez Segura

15
Helechos en los poros
Carolina Campos

16
Cuando llueve sobre el hormiguero
Alelí Prada

Colección
VISPERA DEL SUEÑO
Poesía de migrantes en EE.UU.
(Homenaje a Aida Cartagena Portalatín)

1
Después de la lluvia / After the rain
Yrene Santos

2
Lejano cuerpo
Franky De Varona

3
Silencio diario
Rafael Toni Badía

Colección
SOBREVIVO
Poesía social
(Homenaje a Claribel Alegría)

1
#@nicaragüita
María Palitachi

2
Cartas desde América
Ángel García Núñez

3
La edad oscura / As Seen by Night
Violeta Orozco

�֍

Colección
MUNDO DEL REVÉS
Poesía infantil
(Homenaje a María Elena Walsh)

1
Amor completo como un esqueleto
Minor Arias Uva

2
La joven ombú
Marisa Russo

Colección
MEMORIA DE LA FIEBRE
Poesía feminista
(Homenaje a Carilda Oliver Labra)

1
Bitácora de mujeres extrañas
Esther M. García

2
Una jacaranda en medio del patio
Zel Cabrera

3
Erótica maldita / Cursed Erotica
María Bonilla

4
Afrodita anochecida
Arabella Salaverry

Colección
LABIOS EN LLAMAS
Poesía emergente
(Homenaje a Lydia Dávila)

1
Fiesta equivocada
Lucía Carvalho

2
Entropías
Byron Ramírez Agüero

3
Reposo entre agujas
Daniel Araya Tortós

Colección
VEINTE SURCOS
Antologías colectivas
(Homenaje a Julia de Burgos)

Antología 2020 / Anthology 2020
Ocho poetas hispanounidenses / Eight Hispanic American Poets
Luis Alberto Ambroggio
Compilador

Colección
PROYECTO VOCES
Antologías colectivas

María Farazdel (Palitachi)
Compiladora

Voces del café

Voces de caramelo / Cotton Candy Voices

Voces de América Latina I

Voces de América Latina II

Para los que piensan, como Alejandra Pizarnik, que "el poeta como artista y creador, es un sujeto que es víctima del 'pathos', del delirio poético", este libro se terminó de imprimir en septiembre de 2021 en los Estados Unidos de América.